夢を育む技術, 職業
未来に向かって

編著　全国特別支援教育・知的障害教育研究会

もくじ

1. 技術，職業科で何を学習するのかな？ ……………… 4
   1. 中学生になって　2. 自分の将来を考えよう
   3. 自立と職業の大切さ　4. 身につけたいことを考えよう

2. はたらくってどんなこと？ ……………………………… 8
   1. どんな仕事があるだろう　2. 仕事の様子を見てみよう
   3. 仕事に必要な技術と能力　4. 自分がやってみたい仕事

3. 机をつくろう！　道具の使い方 ………………………… 12
   1. 木材で机をつくってみよう　2. 道具・材料をそろえよう
   3. 木材を切って部材をつくる　4. 組み立てる

4. パンを焼こう！　基礎技能を身につけよう …………… 16
   1. パンづくりに挑戦してみよう　2. 調理用具と材料をそろえよう
   3. 生地をつくろう　4. さあ，パンを焼こう

5. 清掃名人になろう！ …………………………………… 20
   1. 清掃の大切さ　2. 清掃道具・ごみの分別
   3. 清掃技能検定　4. 上達するための近道は？

6. 協力しての園芸 パート1　花づくりの流れ …………… 24
   1. 花づくりのステップ　2. 四季の花　いろいろ
   3. 作業の準備　4. 作業の手順

7. 協力しての園芸 パート2　花苗の管理 ………………… 28
   1. いつも行う作業　2. 各作業の内容
   3. 各作業のやり方

8. 協力しての園芸 パート3　花壇をつくろう …………… 32
   1. デザインをくふうした花壇をつくろう　2. 花壇づくりの各作業
   3. 各作業のやり方　4. 花壇の役割

9. 事務用品，事務機器を使おう！ ………………………… 36
   1. 事務用品や事務機器の種類
   2. かんたんな事務用品，事務機器の使い方　3. 電話と電子メール
   4. 受注体験

10 パソコンにふれてみよう！ ………… 40
　　1　マウスを使って, 絵を描こう　　2　キーボードを使ってみよう
　　3　インターネットで調べものをしてみよう

11 タブレットを使おう！ ………… 44
　　1　タブレットにさわってみよう　　2　カメラアプリを使って, 撮影しよう
　　3　動画を撮影しよう　　4　動画作品をみんなに発表しよう

12 現場実習に行こう！ ………… 48
　　1　実習先を知る　　2　準備をしよう　　3　実習ノートを準備しよう
　　4　わたしの実習計画　　5　現場実習から帰ってきたら

13 実習報告会をしよう！ ………… 52
　　1　発表の準備をしよう　　2　実習報告会の準備をしよう
　　3　実習報告会をはじめよう　　4　まとめをしよう

14 自分の楽しみを持とう！ ………… 56
　　1　生活のリズムを知ろう　　2　生活のリズムと健康
　　3　休日の生活の楽しみ方　　4　これからの楽しみ

15 自分の将来を考えよう！ ………… 60
　　1　将来の「夢」　　2　自立って何だろう
　　3　キャリアマップの作成　　4　作文「自分の将来」

マークに気をつけて学ぼう

学習のめあて　その学習項目で, 身につけたい目標を確認するところ。

学習のふり返り　学習をふり返って, できるようになったことを確認するところ。

安全　けがや事故を防ぐために, 気をつけるポイント。

注意　作業を上手に進めるために注意するポイント。

1 技術, 職業科で何を学習するのかな?

学習のめあて
・自分の将来を考える。
・職業とは何かを知る。

1 中学生になって

　みなさんは, 中学生になりました。小学校のときとちがうことは何ですか。制服を着るようになりました。少し成長して, 大人に近づいたと思いますか。中学生は, 大人になる途中の段階です。
　学校の中だけでなく, 学校の外(社会)のことも学習しましょう。
　そして, 自分の将来(高校生や大人になったとき)のことも考えていきましょう。この本では, 学校の外(社会)にある仕事(職業)のことを考えていきます。さあ, いっしょに学習しましょう。

2 自分の将来を考えよう

(1) 大人になったら，したいこと

みなさんは，大人になったら，何がしたいですか。
お金をかせぎたい。　一人で生活したい。
車を運転したい。　家族で旅行がしたい。

(2) 友だちの考え

友だちは，大人になったら何がしたいと思っているか，話し合ってみましょう。

(3) 先輩の話

高校生になった先輩に，高校での生活や実習について，聞いてみるのもよいでしょう。

卒業生の話を聞く会の様子

(4)「自分の将来」

まわりの人の話を聞いて，自分の将来について考えましょう。
そして，自分の将来についての希望をかなえるために，自分が，しなければならないことも考えてみましょう。

技術，職業科で何を学習するのかな？

3 自立と職業の大切さ

(1)「自立」とは？

学校（中学校・高校）を卒業して社会に出ると，自分で生活することになります。

それを「自立」といいます。

(2) 自立するために

自立するためには，まず「いろいろなことを自分で決めること」が必要です。

朝起きる時間は何時か，朝ごはんに何を食べるのか，出かけるときにどんな服を着るのか，持ち物は何が必要か，かさは持って出かけたほうがいいのか，などを状況に合わせて，自分で決められるようになりましょう。

(3) 職業を決める

自立するためには，「自分の力で生活すること」が必要です。

そのためには，生活するためのお金をかせぐ職業（仕事）が必要です。そして，自分の職業は自分で決めましょう。それが自立です。

(4) 職業の大切さ

職業（仕事）を続けることによって，自立した生活を安定させることができます。

大人になると，生活をするために職業を選び，その仕事を続けることがとても大切になります。

4 身につけたいことを考えよう

(1) 中学校3年間で身につけたいことは？

中学校の3年間で何を身につけたいですか。書いてみましょう。

(2) 自立するために必要なことは？

自立するために必要なことは，何か書いてみましょう。

(3) どんな職業（仕事）をしたいか

大人になったら，どんな職業（仕事）がしたいですか。
今，いちばん興味のある仕事は何か，書いてみましょう。

学習のふり返り

□自分の将来，自立，職業について，どう考えましたか。まとめてみましょう。
そして，みなさんで発表し合いましょう。
- （自分の将来）
- （自立とは）
- （自分の職業）

技術，職業科で何を学習するのかな？

2 はたらくって どんなこと？

学習のめあて
・はたらくことの大切さを知る。
・仕事の種類，仕事をするために必要な力に気づく。

1 どんな仕事があるだろう

　社会（学校の外）には，どんな仕事がありますか。みなさんが，登校するとき，下校するときにまわりをよく見てみましょう。
　多くの人が，いろいろな場所ではたらいていますね。
　夜おそくまで電車やバスが動いています。運転士さんがはたらいているからです。
　スーパーマーケットには，米や野菜，魚，肉などがならんでいます。商品をつくる人，運ぶ人，売る人たちがはたらいているからです。

2 仕事の様子を見てみよう

(1) 学校ではたらいている人たち

＜調べるプリント＞を用意し，学校ではたらいている人たちへ話を聞きに行きましょう。

(2) 学校の外ではたらいている人たち

＜調べるプリント＞を用意し，学校の外ではたらいている人たちへ話を聞きに行きましょう。

＜調べるプリント＞

どこで？	
だれが？	
何をしている？	
気づいたこと すごいと思ったこと やりたいと思ったこと	

はたらくってどんなこと？　9

3 仕事に必要な技術と能力

　＜インタビュープリント＞を用意して，仕事に必要なことは何か，いろいろな人に聞いてみましょう。

＜インタビュープリント＞

だれに聞く？	（例）学校の用務員さん
仕事は何？	（例）学校の中をきれいにする
気をつけていることは？	（例）学校の中をいつもきれいにしておく
大変なことは？	（例）階段の掃除が大変
必要なことは？	（例）重い物を持つ体力
楽しいと思うときは？	（例）生徒のみなさんに「ありがとう」といわれたとき

4 自分がやってみたい仕事

仕事を調べたり，仕事をしている人にインタビューしたりして，自分がやってみたい仕事は見つかりましたか。
その仕事をしている人に，なりきってみましょう。

(1) 自分がやってみたい仕事

[　　　　　　　　　　　　　　　　　　　　　　　]

(2) 必要なもの（服装や道具）

[　　　　　　　　　　　　　　　　　　　　　　　]

(3) どうすればその仕事ができるようになるか。

[　　　　　　　　　　　　　　　　　　　　　　　]

学習のふり返り

★はたらくことの大切さがわかりましたか。（◎　○　△）
□どんな仕事がありましたか。
□やってみたい仕事は見つかりましたか。
□仕事をするために必要なことは何ですか。

3 机をつくろう！道具の使い方

> **学習のめあて**
> ・正しい道具の使い方を知る。
> ・安全に作業して、正確につくる。

1 木材で机をつくってみよう

　道具の正しい使い方をおぼえれば、安全に、正確に、いろいろな物をつくることができます。みなさんも、のこぎりや電動ドリル・電動ドライバを使って、机をつくってみましょう。

作業のときは机の上を整えよう

作業の後は道具の手入れをして、元の場所にかたづけよう

2 道具・材料をそろえよう

(1) 道具

安全に，正確に，作業をするために，道具はていねいにあつかいましょう。

① 定規
② 直角定規
③ クランプ
④ のこぎり
⑤ 電動ドライバ
⑥ 電動ドリル

(2) 材料

木材は，傷がつきやすいので，ていねいにあつかいましょう。
定規やのこぎりを使って，木材を切って，机の部材をつくります。

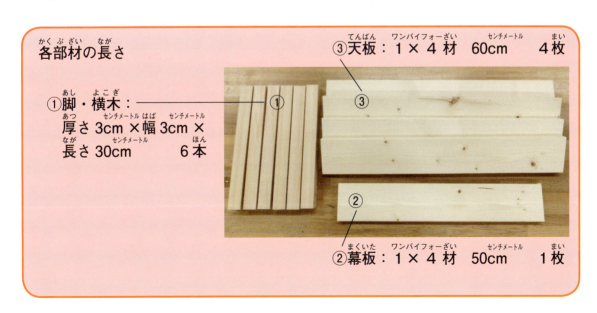

各部材の長さ

① 脚・横木：厚さ 3cm × 幅 3cm × 長さ 30cm　6本
② 幕板：1×4材　50cm　1枚
③ 天板：1×4材　60cm　4枚

机をつくろう！　道具の使い方

3 木材を切って部材をつくる

(1) 切断線を正確にひく

↓ ❶ 木材の端と定規の端を，ぴったり合わせる。

← ❷ 定規の目盛りに，直角定規を合わせる。

(2) 木材が動かないようにクランプでとめる

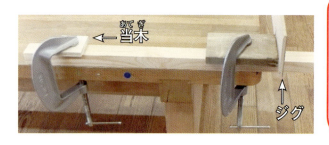

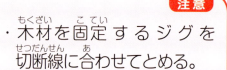

注意
- 木材を固定するジグを切断線に合わせてとめる。
- 切断線が，作業台の外に出るように，注意する。

(3) 木材を切る（のこぎりは，ひくときに切れる）

❶ 切断線の正面に，少し足を開いて，立つ。
❷ のこぎりの刃を真上から見ながら，まっすぐ，ゆっくり，ひく。

注意
刃が，ジグからはなれないように気をつけよう。

4 組み立てる

電動ドリルで下穴をあけ，電動ドライバでねじどめします。

> **注意** 電動ドリル・電動ドライバは両手で持って，垂直にかまえる。電動ドライバの先をねじ穴にぴったり合わせる。木が動かないように，友だちにおさえてもらう。

❶ 脚部をつくる（2つ）

下穴をあける位置に印をつける。

組立て枠に脚（2本）と横木（1本）をすきまなくならべる。

下穴をあけて，ねじでとめる。

❷ 上の❶でつくった脚部を，下の写真のようにおいて，幕板を取り付ける。

向きをまちがえないでおく。

脚に直角に幕板をおく。

下穴をあけてねじでとめる。

❸ 天板を取り付ける。

幕板を取り付けた脚部を，写真のように立てておく。

天板材の端から 6.5cm の位置に下穴の印をつけ，穴をあける。

両側の横木の上に天板の下穴がのるようにおき，ねじでとめる。

下穴をあけて，ねじでとめる。

すべてねじどめして完成。

学習のふり返り

★ 正しい道具の使い方がわかりましたか。（◎ ○ △）

□ むずかしかったこと，おもしろかったことを，発表し合いましょう。

●

机をつくろう！ 道具の使い方

4 パンを焼こう！
基礎技能を身につけよう

> **学習のめあて**
> ・調理用具の正しい使い方を知る。
> ・手洗いなど衛生面に気をつけて調理をする。

1 パンづくりに挑戦してみよう

　みなさんは、パンをつくったことがありますか。パンは、家庭でもかんたんにつくることができます。

　大切なことは、材料の分量と、つくる順番をまちがえないこと、そして衛生面に気をつけることです。

　さあ、みなさんも、パンづくりに挑戦してみましょう。

2 調理用具と材料をそろえよう

(1) 調理用具

①耐熱容器, ②まな板, ③ゴムべら,
④あわ立て器, ⑤計量スプーン, ⑥計量カップ

⑦アルミホイル, ⑧クッキングシート,
⑨ラップ, ⑩ふきん

(2) 材料（6個分）

強力粉　100 g

牛乳　75mL

バター　8 g

ドライイースト　1袋（3 g）

塩（小さじ1/6）1 g

砂糖（大さじ1）9 g

パンを焼こう！　基礎技能を身につけよう

3 生地をつくろう

下のつくり方をよく読み，順番をまちがえないようにしましょう。材料がまざり合っていく様子をよく見て，進めましょう。

1	❶耐熱容器に牛乳とバターを入れて電子レンジであたためる。（600Wで30秒間）。 ※ラップをかけない。 ❷あわ立て器で❶の牛乳とバターをまぜる。	
2	❸塩，砂糖，強力粉（1/3），ドライイーストを順番に加えて，あわ立て器でまぜ合わせる。 ❹まざったら，残りの強力粉(2/3)を加えて，ゴムべらでよくまぜる。	※加える順番をまちがえないようにする。  
3	❺生地がまとまったら，まな板の上でこねる。 ※「たたんでのばす」を10回ほどくり返す。	 
4	❻耐熱容器にクッキングシートをしいて，生地をのせる。 ❼耐熱容器の上からクッキングシートをかぶせてその上にラップをかける。	
5	❽上の❼を電子レンジに入れてあたためる。 （170Wで30秒間）。 ※割りばしを4本ならべた上に耐熱容器をおく。	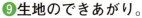❾生地のできあがり。  

4 さあ，パンを焼こう

いよいよパンを焼きます。生地がふくらんで，パンの形になっていく様子をよく見ながら，パンづくりを進めましょう。

1	❶生地を，6つに切る。	❷切り口を中に入れ込むようにしてまるめる。　※閉じ目をつまんで，しっかり合わせる。
2	❸生地の上にラップをかけ，ぬれふきんをかぶせて，10～20分間おく。 ※その間に，使った用具を洗ったりかたづけたりしよう。	
3	❹皿にクッキングシートをしいて，生地をならべる。ラップをかけて電子レンジであたためる。 （150Wで30秒間）。 ※皿は，割りばしの上におく。 ❺取り出して10分間おく。生地は，1.5倍くらいにふくらむ。	
4	❻アルミホイルをしいて，バターを薄くぬる。 ❺をならべてオーブントースターで焼く。 （750Wで10分間）。 ※こがさないように気をつけよう（パンの上に，アルミホイルをかけるとこげない）。	

学習のふり返り

★調理用具の正しい使い方がわかりましたか。（◎　○　△）
□パンづくりでおもしろかったこと，むずかしかったこと，食べた感想をみんなで発表し合いましょう。
●

5 清掃名人になろう！

学習のめあて
- 日常清掃の大切さが、わかる。
- 進んで清掃しようという気持ちが持てる。

テーブルふき

床清掃

1 清掃の大切さ

みなさんの中には、清掃をめんどうくさい、と思う人もいるかもしれません。でも、みなさんはきたない場所よりも、きれいな場所で過ごしたいと思いませんか。よごれているところをきれいにしたり、衛生的な環境を維持したりする清掃は、生活するうえで、とても大事です。清掃の行き届いた清潔な環境で過ごすことで、わたしたちは健康に暮らせるのです。

2 清掃道具・ごみの分別

(1) 清掃道具

清掃場所によって、道具を使い分けます。ここでは、ふき清掃と床のはき清掃について説明します。

【ふき清掃】

テーブルなどいろいろなものをふくときには、雑巾よりもタオルのほうが使える面積が大きく、折って使えるため便利です。テーブルは黄色、トイレは赤色と、清掃場所によってタオルを色で使い分けると衛生的です。

バケツは水を入れてタオルをゆすぎます。こちらも、清掃場所によって使い分けます。

【床のはき清掃】

自在ぼうきは、自分の身長に合わせて長さを変えられるため便利。文化ちりとりは、楽な姿勢でごみが取れます。ダスタークロスは、少ない動作で広い範囲のほこりを取ることができます。

タオル

バケツ

文化ちりとり / 自在ぼうき

ダスタークロス

(2) ごみの分別

ごみは、紙やびん、缶などの種類によって、分別して捨てます。ごみのわけ方は、住んでいる市区町村によってちがいます。自分の住んでいる地域の「ごみ収集カレンダー」などで確認しましょう。

清掃名人になろう！

3 清掃技能検定

(1) 清掃技能検定について

清掃の技能は,将来はたらくときに,あらゆる職場で役に立ちます。清掃技能検定で,どれくらい清掃の技能が身についたか,成果を確かめてみましょう。また,技能だけでなく,服装や身だしなみ,姿勢や表情,言葉づかいなどのマナーにも,気をつけましょう。

(2)「自在ぼうき」に挑戦!
(東京都の清掃技能検定の例)

右の表の❶~❼の流れに沿って,一人ずつ検定会場で制限時間内に試技をします。

審査はビルクリーニング技能士の国家資格を持つ先生が行います。試技が終了すると,審査員の先生からワンポイントアドバイスがもらえます。

東京都では,自在ぼうきを含めた10種目の検定が行われています。

❶ 学校名,名前を伝える
❷ 道具の準備
❸ 自在ぼうきを正しく持ってかまえる
❹ 床をはいてごみを集める
❺ ごみを文化ちりとりで取る
❻ 点検
❼ 終了の報告

4 上達するための近道は？

(1) 認定証がもらえる

検定は，プロの方と同じやり方で10の項目ごとに評価し，参加賞から1級までつけられます。終了後は，認定証がもらえます。

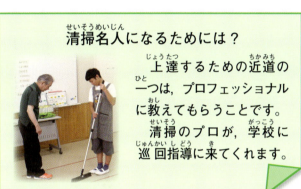

清掃名人になるためには？
　上達するための近道の一つは，プロフェッショナルに教えてもらうことです。
　清掃のプロが，学校に巡回指導に来てくれます。

(2) 毎年続けて参加する

毎年続けて検定に参加する人が多くいます。参加した人に聞くと，もっと上手になりたい，さらにむずかしい種目に挑戦したいといいます。練習や検定を通して，挑戦する気持ちが生まれたり，自信がついたりします。

高校生になると，アビリンピックという全国技能競技大会に挑戦することもできます。

学習のふり返り

★清掃の大切さがわかりましたか。（◎　○　△）
□清掃技能検定に参加してみたいですか。
●

6 協力しての園芸
パート1　花づくりの流れ

学習のめあて
・花づくりの流れを知る。
・作業の準備が、正しくできる。

1 花づくりのステップ

花をつくるには、おもに3つのステップがあります。

(1) 播種（たねまき）
　花のたねをまきます。

(2) 鉢上げ
　大きくなった芽を、ビニルポットに植えかえます。

(3) 定植（植えつけ）
　ビニルポットから、花壇やプランターに植えかえます。

(1) 播種（たねまき）

(2) 鉢上げ

(3) 定植（植えつけ）

2 四季の花 いろいろ

- ❶ **春の花**：デージー，ゼラニウム
- ❷ **夏の花**：ベゴニア，マリーゴールド
- ❸ **秋の花**：アリッサム，コスモス
- ❹ **冬の花**：ガーデンシクラメン，パンジー

春：デージー

夏：マリーゴールド

秋：コスモス

冬：パンジー

3 作業の準備

(1) 服装

園芸の作業は，屋外で行うことが多いです。虫さされや強い日差し，草や木によるけがを防ぐために，写真のような服装で作業をします。

○長そで・長ズボン

○つばのあるぼうし

※そのほか 作業に必要な物
　（軍手・腰バッグなど）

(2) 道具

園芸作業で使う道具には，以下のようなものがあります。先が，とがった物もあるので，先を人に向けないようにしましょう。

ふご

てみ（プラスチック）

移植ごて

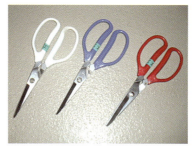
クラフトばさみ

こうがい板

4 作業の手順

(1) 播種（たねまき）

❶セルトレイに土を入れる。

❷ピンセットでたねをまく。

❸土をかける。

（※土は，おもに土じょう改良用の土・バーミキュライト）

(2) 鉢上げ

❶ 腐葉土・赤玉土・肥料をまぜ、植えかえ用の土をつくる。

❷ 土をビニルポットに入れ、ピンセットで苗を移す。

❸ ポットの8分目まで土を入れる。

❹ システムトレイにポットをならべる。

(3) 定植（植えつけ）

移植ごてで、花壇やプランターに穴を掘り、花苗を移植します。

プランターに、花苗をならべてバランスを見る

学習のふり返り

★花づくりの大まかな流れがわかりましたか。（◎　○　△）
★道具の名前をおぼえましたか。（◎　○　△）
★道具は安全に使えましたか。（◎　○　△）

協力しての園芸　パート1　花づくりの流れ

7 協力しての園芸
パート2　花苗の管理

学習のめあて
・除草の作業を知る。
・花がら摘みの作業を知る。
・かん水（水やり）の作業を知る。

1 いつも行う作業

　花苗は，そのままにしておくと，咲き終わった花が茶色く枯れ，たねをつけてしまいます。
　そうなると，花壇全体の見た目が暗くなり，次の花が咲きにくくなってしまいます。
　また，雑草が生えてくることもあり，そのままにしておくと，花の元気がなくなってしまいます。
　花がきれいに咲いている状態を保つために，除草，花がら摘み，かん水（水やり）などの作業をていねいに，いつも，行わなければなりません。

2 各作業の内容

(1) 除草

苗や花壇に，生えてきた雑草をぬきます。
使う道具：てみ，ふご，
（雑草の種類におうじて）小鎌，根おこし

(2) 花がら摘み

咲き終わった花や，枯れた花，よごれた花や，葉などを摘みます。
使う道具：クラフトばさみ，てみ，ふご
※クラフトばさみを使わずに，手で摘んでもよい。

(3) かん水（水やり）

苗や花壇に水をやります。
使う道具：じょうろ，ホース（はす口のついたもの）
※発芽する前のかん水では，たねが流れないようにするために，噴霧器を使ってかん水をする。

じょうろ

はす口がついたホース

噴霧器でたねに水をやる様子

3 各作業のやり方

(1) 除草

雑草は，なるべく根からぬきましょう。

花苗と雑草のちがいをよく見てまちがえないように除草します。

(2) 花がら摘み

花だけを摘むと，茎が残って，不自然に見えます。

次の葉か，茎の分かれ目まで，茎もいっしょに摘むと，自然に見えてよいでしょう。

花がらを指でつまんでもよいし，クラフトばさみを使ってもよいでしょう。花はていねいに一つずつ摘みましょう。

ていねいに摘んだ花（開ききったもの）は，卓上花として楽しむこともできます。

苗と雑草をまちがえないようにする

花がらは茎もいっしょに摘む

摘んだ花は卓上花として楽しめる

(3) かん水（水やり）

　水が入ったじょうろは重く，不安定なので，必ず両手で持ち，軽く傾けて，少しずつ水を出すようにします。

　はす口は下に向け，なるべく植物にどろがかからないように，そっと水をやりましょう。

　水が多すぎると，根が弱ってしまうので，水をやりすぎてもいけません。

　かん水のめやすとしては，土の表面が乾いてきたら，水をやるようにしましょう。

はす口を下に向け，そっと水をやる

じょうろは必ず両手で持ち，少しずつ水を出すようにする

学習のふり返り

★除草をすることができましたか。（◎　○　△）
★花がら摘みを正しくすることができましたか。（◎　○　△）
★かん水（水やり）を正しくすることができましたか。（◎　○　△）

8 協力しての園芸
パート3 花壇をつくろう

> 学習のめあて
> ・花壇づくりの流れを知る。
> ・友だちと協力して、花壇をつくる。

1 デザインをくふうした花壇をつくろう

　育てた花苗を花壇に植えてみましょう。植物の色やたけ、配置のデザインには、いろいろなくふうができます。列ごとに植物をかえたり、シンボルマークを形どってみたりすると、見る人も楽しいです。花壇のテーマやイメージを相談してみるのもよいでしょう。

2 花壇づくりの各作業

(1) 撤去
花壇の枯れた植物，雑草などをぬきます。

(2) 土づくり
牛糞などの堆肥や化学肥料を入れ，土の切り返しをします。

(3) 定植（植えつけ）
移植ごてで穴を掘り，花壇に花苗を植えます。

3 各作業のやり方

(1) 撤去
花壇から植物をぬくときには，花壇の土が減ってしまわないよう根についた土を低い位置で軽くふって，落とすようにします。

協力しての園芸　パート3　花壇をつくろう

(2) 土づくり

　堆肥や化学肥料を入れ，剣先スコップで土をひっくり返すように，まぜます。この作業を「天地返し」といいます。天地返しをしたら，こうがい板を使って，土の表面を平らにならします。

(3) 定植（植えつけ）

　縦横の列がそろうように，慎重に花苗を植えましょう。
　最後はていねいに土を寄せます。

東京都庁都民広場の花壇

東京都八王子市の南大沢駅前花壇
円形の花壇には花苗を同心円状に植える

4 花壇の役割

　道路や公園，学校，公共施設などに花苗を植えることで，景観を美しく見せ，そこに生活する人たちを楽しませることができます。
　また，植物には，夏に気温が上がりすぎるのを防いでくれたり，空気を浄化してくれたりするはたらきもあります。

学習のふり返り

★花壇づくりの大まかな流れがわかりましたか。（◎　○　△）
★友だちと協力して，花壇づくりを行うことができましたか。（◎　○　△）

9 事務用品, 事務機器を使おう！

> **学習のめあて**
> ・事務用品と事務機器の特徴や使い方がわかる。
> ・文書のふうとうづめ作業に取り組む。

コピー機

スティックのり

ステープラー（ホチキス）

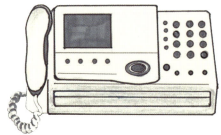
FAX

はさみ

1 事務用品や事務機器の種類

会社や作業所などで仕事をするときには、さまざまな事務用品や、事務機器を利用します。

たとえば、「紙を切る」「紙をとじる」「紙をはる」「文書をコピーする」「文書を送る」、これらのことをするときには、どのような事務用品や事務機器を利用すると便利でしょうか。

作業とそれに使うものを結んでみよう

切る・　　　・FAX

とじる・　　・はさみ

はる・　　　・ステープラー（ホチキス）

コピーする・・コピー機

送る・　　　・スティックのり

2 かんたんな事務用品，事務機器の使い方

(1) はさみ
ふうとうを開ける。

中身を切らないようにしよう。

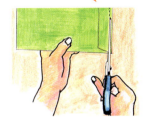

(2) ステープラー
紙をとじる。

とじる場所を確認しよう。

(3) スティックのり
ふうをする。

中身にのりがつかないようにしよう。

(4) コピー機 （文書のコピーをする）

①原稿をおく。　②枚数を指定する。　③スタートをおす。

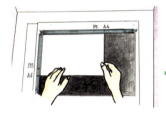  

印刷面を下にする。　コピー枚数を入力する。　ボタンをおし，コピーする。
※コピーされているか，確認する。

(5) ファクシミリ（FAXで文書を送る）

①原稿をおく。　②番号を入力する。　③スタートをおす。

番号をまちがえないように確認しよう。

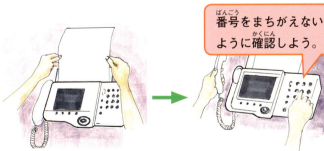  

裏表に気をつける。　FAX番号を入力する。　ボタンをおし，送信する。
※送信エラーが出ていないか，確認する。

3 電話と電子メール

(1) 電話の用件をメモしよう

電話を受けたときには、相手の会社名や名前をメモすることで、会社の人に、だれの電話を受けたのか正確に伝えることができます。

(担当者が不在のときの電話の流れ)
① 自分の会社名と名前を名のる。
② 相手の会社名と名前を確認する。
③ 担当者が不在であることを伝える。
④ かけなおしてもらえるか確認する。
⑤ 「失礼します」とあいさつをして、電話を切る。
　※ていねいな言葉を使いましょう。
　※大切な内容はメモしましょう。

担当者が不在の場合のメモ(例)
【相手の会社名】
○○会社
【相手の名前】
□□様
【電話の内容】
また、かけなおします。
【日時】
○月○日　○時○分
○○さんあて
　　△△(自分の名前)より

(2) 電話の用件を電子メールで報告しよう

電話があったことを、担当者に電子メールで伝えましょう。

　(1)のメモをもとに、「いつ」「だれから」
　「どのような」電話があったかを書きましょう。
　※あて先をまちがえないように
　　注意しましょう。
　※電子メールを送信する前に、もう一度
　　読みなおして内容を確認しましょう。

> パソコンの使い方は、
> 次の学習でくわしく学びます。
> → 10　パソコンにふれてみよう！

電子メール(例)
○○様
△△(自分の名前)より

電話がありましたので、連絡します。

○月○日　○時○分
○○会社□□様

また、かけなおします。

よろしくお願いします。

4 受注体験

(1) 仕事の内容を確認しよう

案内文書（2枚）のふうとうづめを20部行う

(2) 仕事の手順を考えよう

仕事の手順を考えて，チェックシートにまとめましょう。

①案内文書を〔　　　〕部コピーする。
②コピーした案内文書を〔　　　　　〕でとじる。
③ふうとうに，案内文書を入れる。
④ふうとうを，〔　　　　〕でふうをする。

(3) 仕事の終了を報告しよう

チェックシートを確認しながら，仕事を進めます。

ふうとうづめを終えたら，ふうとうの数などを自分で確認してから仕事の終了を確認してもらいましょう。

ふうとうづめ作業チェックシート

☐ 案内文書をコピーする。
☐ 案内文書をとじる。
☐ ふうとうに案内文書を入れる。
☐ ふうとうにふうをする。

学習のふり返り

★事務用品と事務機器の特徴や，使い方がわかりましたか。（◎　○　△）
★文書のふうとうづめ作業に取り組むことができましたか。（◎　○　△）

☐ふうとうづめの仕事を行った感想やできたことを書いてみましょう。
●
●

☐上手にできたこと，むずかしかったこと，次へのチャレンジをみんなで発表してみましょう。
☐ふうとうを提出した相手からの感想を聞いてみましょう。

事務用品，事務機器を使おう！

10 パソコンに ふれてみよう！

> 学習のめあて
> ・パソコンの使い方がわかる。
> ・かんたんな絵や文章を つくることができる。

1 マウスを使って，絵を描こう

(1) マウスの使い方

マウスが使えると，パソコンでいろいろなことができます。

「クリック」「ダブルクリック」「ドラッグ」「ドロップ」の4つの操作をやってみましょう。

1. クリック

選ぶときは，1回おします。

2. ダブルクリック

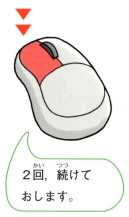

2回，続けておします。

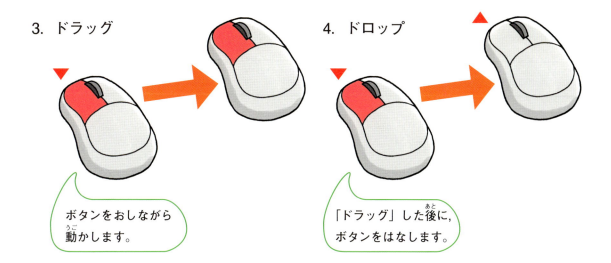

3. ドラッグ　　ボタンをおしながら動かします。

4. ドロップ　　「ドラッグ」した後に，ボタンをはなします。

(2) パソコンで絵を描く

パソコンにある「ペイント」を起動して，絵を描きます。
①線をひいてみよう。
②四角形や丸を描いてみよう。
③色を塗ってみよう。

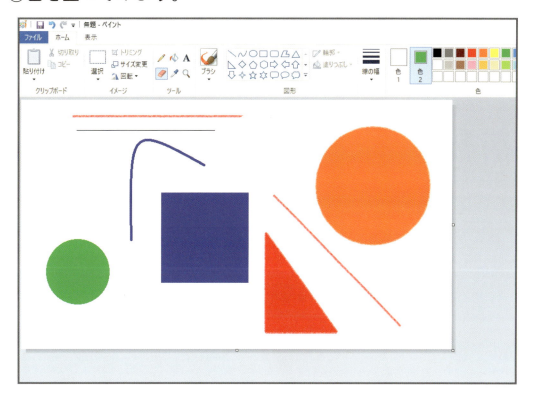

パソコンにふれてみよう！　41

2 キーボードを使ってみよう

(1) 文字や数字を打ち込んでみよう

　キーボードを使って、文字を入力してみましょう。文字の入力には、「ひらがな」入力と「ローマ字」入力があります。自分の名前や学校名などを入力してみましょう。

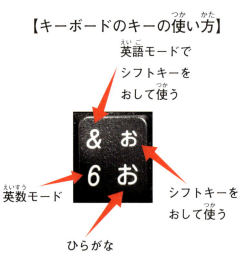

【キーボードのキーの使い方】

(2) かんたんな文章を書いてみよう

　キーボードを使って、昨日あったできごとを書いてみましょう。
　できごとは、「いつ」「どこで」「だれと」「何をしました」という流れで書いてみましょう。
　文章が書けたら、その文章をプリンタで印刷してみましょう。印刷した文章を使って、クラスで発表し合いましょう。

■発展課題　「文章を見せるくふうをしてみよう」
　文章を書いた後、時間に余裕があれば、文章の見せ方のくふうに挑戦してみましょう。
・文字の大きさ、種類、色などを変えてみよう。
・文章に画像をはりつけてみよう。
・作図機能を使って絵を入れてみよう。
・線をひいて表をつくってみよう。

❸ インターネットで調べものをしてみよう

(1) インターネット上の NEWS WEB EASY（やさしい日本語のニュース）で，ニュースを見てみよう

インターネットを使って，NHKのニュースを見てみましょう。今，社会ではどんなことが起こっているでしょうか。

http://www3.nhk.or.jp/news/easy/

(2) キーボードを使って調べてみよう

検索サイトの「YAHOO！きっず」は，漢字にひらがながついているので，読みやすいサイトです。

この検索サイトを使って，校外学習に行く施設を調べてみましょう。

どんなキーワードを入れるとよいか考えてみましょう。

調べてわかったことを友だちに説明してみましょう。

http://kids.yahoo.co.jp/

学習のふり返り

★パソコンの使い方がわかりましたか。（◎　○　△）
★かんたんな絵や文章をつくることができましたか。（◎　○　△）
☐パソコンを使った学習はどうでしたか。わかったこと，できたことを書いてみましょう。また，次は何を調べてみたいですか。

●
●

パソコンにふれてみよう！　43

11 タブレットを使おう！

> **学習のめあて**
> ・タブレットの使い方が、わかる。
> ・カメラアプリを使ったり、タブレットを使って、発表したりすることができる。

1 タブレットにさわってみよう

タブレットにさわって、基本操作をおぼえましょう。

①タップ

画面を１回、軽くさわります。

②ダブルタップ

画面を２回、続けてさわります。

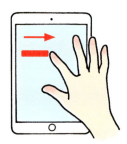

③スワイプ

画面をさわったまま指を動かします。

画面の中にある物を指を使って動かします。

2本の指でつまむように動かします。

2本の指を押し広げるように動かします。

④ドラッグ　⑤ピンチイン　⑥ピンチアウト

❷ カメラアプリを使って，撮影しよう

　タブレットのカメラアプリを使って，さまざまな物を撮影してみましょう。撮影した画像は，友だちに紹介しましょう。

　カメラアプリで，おたがいの顔を撮影し合って，「うれしい顔」はどんな表情か，みんなで確認してみましょう。

撮る前に，撮っていいか確認しよう

タブレットを使おう！

3 動画を撮影しよう

(1) 動画の撮影をしてみよう

　タブレットのカメラアプリで，動画を撮影してみましょう。赤い動画のボタンにふれると，撮影がはじまります。もう一度動画のボタンにふれると，撮影が終わります。

動画のボタン

(2) 撮った動画を編集してみよう

　動画編集アプリを使って，動画作品をつくってみましょう。
　動画の長さを短くしたり，文字の説明を加えたり，さまざまなことができます。

動画のボタン

4 動画作品をみんなに発表しよう

動画編集アプリでつくった動画作品を，プロジェクタや電子黒板に映し出して，発表してみましょう。

【動画作品づくりの例】
○最近楽しんでいること
○興味のあるニュース
○最近行ったところの紹介，など

【動画作品づくりで気をつけること】 注意
・動画の長さは，長過ぎでも，短過ぎでもない1分間をめやすにすること。
・友だちを撮影するときには，勝手に撮らないこと。まず，撮影していいかを聞いて，いいよ，といわれてから撮ろう。

学習のふり返り

★タブレットの使い方がわかりましたか。（◎　○　△）
★カメラアプリを使ったり，タブレットを使って発表したりすることができましたか。（◎　○　△）
□タブレットを使った学習はどうでしたか。わかったこと，できたことを書いてみましょう。
●
●
●

タブレットを使おう！

12 現場実習に行こう!

学習のめあて
・準備をして現場実習に行く。
・はたらくことの大切さや楽しさがわかる。

現場実習に行って、はたらくことを体験しよう

1 実習先を知る

　いよいよ実際にはたらく体験をします。実習先の仕事によって、身だしなみや持ち物がちがいます。仕事をするときに大切なこともちがいます。自分の実習先についてよく知り、しっかりと準備をしましょう。

自分の実習先について書こう

①実習先の名前

［　　　　　　　　　　　　　　　　　　　　　　　　　　］

②わたしの仕事内容

［　　　　　　　　　　　　　　　　　　　　　　　　　　］

2 準備をしよう

(1) 身だしなみ

実習に行くときの服装と，仕事をするときの服装は，どのようなものがよいでしょうか。

学校の制服

ジャージ

ふだん着

作業着

【考えよう】身だしなみが整っていないと，実習先の人やお客さまはどう思うだろうか。

(2) 持ち物

実習に持っていく物を確認しましょう。

実習ノート

お弁当

水とう

タオル

着がえ

このほかに，自分の実習で必要な物を書いてみましょう。

[　　　　　　　　　　　　　　　　　　　　　　　　　　　　]

(3) 実習に行く（通勤する）

①集合場所　　②集合時間　　③行き方

[　　　　]　[　　　　]　[　　　　]

【考えよう】バスが遅れたり，急におなかが痛くなったりして実習に遅刻しそうになったら，どうしたらよいだろうか。

現場実習に行こう！

(4) 実習先で大切なことを考えよう

①あいさつ

朝,実習先に入るときや実習から帰るときなど,あなたは何といいますか。

②報告・連絡・相談

・自分の仕事が終わったことを**報告**する。
・お客さまが来たことを**連絡**する。
・仕事のやり方について**相談**する。

これらは,「**報・連・相**」といって仕事をするときに大切なことです。

【考えよう】あいさつや,報・連・相のほかに,仕事をするときに大切なことは,何だろうか。

3 実習ノートを準備しよう

実習に行った日には,毎日,実習ノートを書きましょう。

実習ノートを見ることで,どのような実習をしたのかをふり返ることができます。

【実習ノートの内容】
①仕事の内容
②一日の様子
③楽しかったこと
④むずかしかったこと
⑤実習先の人からいわれたこと

〈実習ノートの例〉

4 わたしの実習計画

家を出てから帰るまでの一日の予定をまとめてみましょう。

【考えよう】
実習の期間中は、家に帰った後、どのような過ごし方をするとよいだろうか。

<実習計画の例>

時刻	やること
8:00	家を出る
8:40	実習先に着く
	ジャージに着がえる
9:00	仕事開始　野菜のふくろづめ
12:00	昼休み
1:00	午後の仕事　ダンボールの片づけ
3:00	仕事終了
	制服に着がえる
	実習ノートを書く
3:30	実習先を出る
4:10	家に着く

5 現場実習から帰ってきたら

(1) 実習ノートをまとめよう

実習で勉強したことをふり返りましょう。
ふり返った体験を持ち寄って、みんなで実習報告会をしましょう。

(2) お礼の手紙を書こう

実習先の人に、実習のお礼や感想、勉強になったことを手紙に書いて送りましょう。

学習のふり返り

★準備をして現場実習に行くことができましたか。（◎　○　△）
★はたらくことの大切さや楽しさがわかりましたか。（◎　○　△）
□はたらいてみて、あなたが「うれしいな」と感じたことは何でしたか。
　また、はたらく上で大切なことは何だと感じましたか。書いてみましょう。

-
-
-

13 実習報告会をしよう！

学習のめあて
・現場実習で学んだことをまとめる。
・わかりやすく発表する。

1 発表の準備をしよう

　実習ノートをふり返り，実習報告会で発表しましょう。自分の体験だけでなく，友だちの発表を聞いて，自分の実習と比べてみましょう。

(1) 発表原稿をつくろう
　次の項目のメモをつくり，実習報告の原稿にしましょう。

---
①自分の名前　②実習先の名前　③自分がやった仕事
④がんばったこと　⑤楽しかったこと　⑥むずかしかったこと
⑦ほめられたこと　⑧仕事をするときに大切なこと
⑨わたしの仕事のおすすめポイント
---

(2) 写真やビデオでわかりやすく伝えよう

　実習のときの写真をはったり，ビデオを映したりして，どのような実習をしたのか，見ている人にわかりやすいように，見せ方のくふうをしましょう。

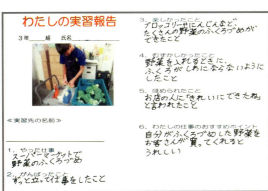

＜発表原稿の例＞

実習風景の一枚

2 実習報告会の準備をしよう

(1) みんなで仕事を分担しよう
　①案内状づくり
　②会場準備
　③司会やはじめの言葉・おわりの言葉
　そのほか，必要な仕事は何でしょう。

実習報告会のご案内
日にち：1月25日
時間：3，4時間目
場所：3年1組教室
現場実習で勉強したことを発表します。ぜひ来てください。

(2) 発表の練習をしよう
　①声の大きさ
　②話す速さ
　③視線（どこを見て話すか）

実習報告会をしよう！　53

③ 実習報告会をはじめよう

(1) 友だちに自分の実習を紹介しよう

友だちは、あなたが実習した内容を知りません。あなたが体験したことを、友だちに教えてあげましょう。とくに「仕事のおすすめポイント」を発表してください。

(2) 自分の実習と友だちの実習を比べよう

友だちの発表を聞いたら、メモをして、仕事の内容や、仕事をするときに大切なことなどを、自分の実習と比べてみましょう。発表を聞いて、わからないことや、もっと聞きたいことがあるときは、質問してみましょう。

＜自分と友だちの発表を比べたメモの例＞

発表した人	自分	佐藤さん	鈴木君
やった仕事	スーパーマーケットの野菜の袋づめ	作業所のあて名シールをふうとうにはる	レストランの食器洗い
仕事をするときに大切なこと	野菜の向きをそろえて入れる	シールをはるとき、まがったり、ずれたりしないようにする	食器をていねいに運ぶ
仕事のおすすめポイント	自分が袋づめした野菜をお客さまが買ってくれるとうれしい	きれいにシールをはれると気持ちがよかった	レストランから借りたユニフォームがかっこよかった

54

4 まとめをしよう

(1) 実習の様子の写真をはろう

(2) 実習報告会をした感想を書こう

学習のふり返り

★現場実習で学んだことをまとめることができましたか。（◎　○　△）
★わかりやすく発表することができましたか。（◎　○　△）
□友だちの発表を聞いて，自分もやりたいと思った仕事を書いてみましょう。また，はたらく上で大切だと思ったことを書いてみましょう。

●
●
●

14 自分の楽しみを持とう！

学習のめあて
・余暇の過ごし方がわかる。
・くふうして余暇を過ごす計画を立てる。

1 生活のリズムを知ろう

学校へ行く日と休日では，時間の過ごし方がちがいます。一日の中で，あなたは自分の自由になる時間に，何をしていますか。

楽しくすきなことができる時間を余暇といいます。

学校へ行く日と休日，それぞれの日の過ごし方について考えてみましょう。

本を読む　スポーツをする　地域活動に加わる

> 自分の自由になる時間は，何時間あるだろう。

＜ある一日のスケジュール＞

	午前7	8	9	10	11	午後12	1	2	3	4	5	6	7	8	9(時)
学校へ行く日	起床・朝ごはん	登校	授業			給食	授業		帰宅・おやつ	宿題	ゲーム・テレビ	夕食の準備の手伝い	夕食	入浴	就寝
休日	起床・朝ごはん			ヘルパーさんと水泳		家族と外食		ヘルパーさんと図書館		家族と買い物	音楽鑑賞	夕食の準備の手伝い	夕食	入浴	就寝

2 生活のリズムと健康

(1) 余暇の過ごし方

あなたは、何をしているときに、楽しいと思ったり、リフレッシュできたりしますか。

余暇の過ごし方には、一人でできることもあれば、だれかといっしょだからできることもあります。

【余暇の過ごし方の例】
読書，音楽鑑賞，テレビ，手芸，ゲーム，園芸，飼育，散歩，スポーツ，買い物，料理，家族と団らん，友人との交際，など

(2) 意欲がわくとき、元気になるとき

毎日を気持ちよく、元気に生活するために、余暇は欠かせません。すきなことをすることで、生活にめりはりがつきます。

余暇の中でも、食事や団らんなどの家族といっしょに過ごす時間は、家族にとっても大切な時間です。

家でのんびりと余暇を過ごすことも一つの過ごし方ですが、外へ出てリフレッシュするのもよい方法です。

わたしはプールで泳ぐとリフレッシュできるよ。

ぼくは星空を見ていると気持ちが落ち着くよ。

自分の楽しみを持とう！

3 休日の生活の楽しみ方

(1) 休日の余暇を考える

休日には自由になる時間がたくさんあります。学校へ行く日には時間が足りなくてできないことができ，楽しみにもなります。休日にやってみたいことを考えてみましょう。

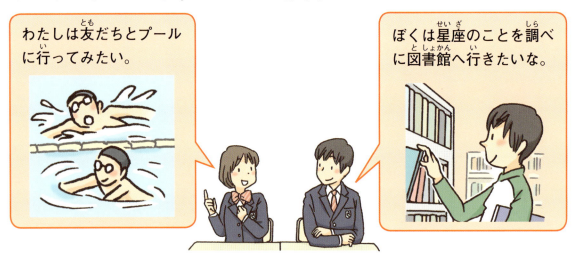

わたしは友だちとプールに行ってみたい。

ぼくは星座のことを調べに図書館へ行きたいな。

(2) 余暇にかかるお金のくふう

余暇の過ごし方の中には，お金がかかることもあります。お金が必要なときは，おこづかいを使ったり，家の人にお金をもらったりすることもありますが，やりたいことや，ほしい物を買うために，計画を立ててお金をためることもできます。

療育手帳を利用すると，公共の施設や交通機関などで料金が割引になります。

銀行や郵便局で自分のお金を積み立てて，ためることができます。

4 これからの楽しみ

(1) 最近楽しんだこと・やってみたいこと

　最近の生活の中で、余暇を楽しく過ごせたことを思い出したり、これからやってみたいことを考えてみたりしましょう。身近な人に楽しい余暇の過ごし方や、やってみたいことを聞いてみましょう。

(2) 余暇の計画を立てよう

　余暇に何をするのかを決めて、余暇を楽しく過ごす計画を立ててみましょう。また、計画を実行した後には、立てた計画どおりにできたかどうか、見直しもして、次の計画に役立てましょう。

学習のふり返り

★余暇の過ごし方がわかりましたか。（◎　○　△）
★くふうをして余暇の計画を立てることができましたか。（◎　○　△）
□自由になる時間に、何をすると楽しく感じるかを発表しましょう。
□おたがいの発表を聞いた感想を書きましょう。

●
●

自分の楽しみを持とう！

15 自分の将来を考えよう！

学習のめあて
・自分のキャリアマップを作成する。
・作文「自分の将来」を書いて発表する。

技術，職業科で学習したさまざまなこと

植物を育てたよ

パンを焼いたよ

実習の発表をしたよ

1 将来の「夢」

あなたには，どのような将来の夢がありますか。こうなりたいとか，こうなってほしいという「夢」があるのではないでしょうか。
自分が持っている「夢」を書きましょう。

[　　　　　　　　　　　　　　　　　　　　　　　　]

旅行に行きたい

パン屋さんになりたい

2 自立って何だろう

(1) 中学生になって一人でできるようになったこと

一人でできるようになったことを書きましょう。

(例)・電車やバスに乗り,出かけられるようになった。
　　・家族のために食事をつくることができるようになった。

[　　　　　　　　　　　　　　　　　　　　　　　　　　]

電車での移動

家族のための食事づくり

(2) 今も手伝ってもらっていること／これから一人でできるようになりたいこと

次のピラミッドの下にあることが,一人でできるようになると,だんだんと上のこともできるようになります。ピラミッドを見て,あなたが今も手伝ってもらっていることを確認して,これから一人でできるようになりたいことを選びましょう。

一人でできる
ピラミッド

仕事
報・連・相
電車・バスの利用
調理,電話,整理整とん
買い物,就寝・起床
入浴,衛生,あいさつ・返事
トイレ,服を着る,食事

自分の将来を考えよう！

3 キャリアマップの作成

　これからの将来を考えて、あなたはどのような経験を重ねていきたいですか。自分の将来を想像しながら、キャリアマップをつくってみましょう。

年齢	将来の予定
18歳	（例）○○社に入社する。　○○作業所に入所する。
20歳	（例）スペシャルオリンピックスに出場する。

4 作文「自分の将来」

(1) 家族への感謝，自立への決意・意欲

　幼いころから今まで，自分を育ててくれた家族への感謝や自立への決意・意欲を作文にしましょう。

遊びを見守ってくれていた

入学を祝ってくれた

(2) 作文「自分の将来」の発表

　司会や発表の順番を決めて，作文「自分の将来」の発表をしましょう。そして，みんなに「家族への感謝の気持ち」や「自立への決意・意欲」を伝えましょう。

学習のふり返り

★自分のキャリアマップを作成することができましたか。（◎　○　△）
★作文「自分の将来」を書いて発表することができましたか。（◎　○　△）
□友だちが発表した「家族への感謝の気持ち」や「自立への決意・意欲」を聞いて，感じたことを書いてみましょう。

●
●

自分の将来を考えよう！

■編集著作者
　　全国特別支援教育・知的障害教育研究会

■監修者
　　岩井　雄一　十文字学園女子大学教授
　　半澤　嘉博　東京家政大学教授
　　明官　　茂　国立特別支援教育総合研究所 上席総括研究員
　　渡邉　健治　東京学芸大学名誉教授

- 表紙デザイン　タクトシステム株式会社
- 本文デザイン　日プリ・アドバ株式会社
- 表紙イラスト　カモ
- 本文イラスト　ありよしきなこ　磯村仁穂
　　　　　　　（資）イラストメーカーズ（祢津千和子・池和子・futaba）
　　　　　　　キュービック　川野郁代　小鴨成夫　鈴木康代　本山浩子

- 資料提供　　NHK　Yahoo　有限会社豆匠たかち
　　　　　　　社会福祉法人青梅白寿会　特別養護老人ホーム青梅白寿苑

夢を育む技術，職業
未来に向かって

平成28年12月20日　　発行
令和　3年　3月　8日　第3刷

発　行　開隆堂出版株式会社
　　　　代表者　大熊隆晴
　　　　〒113-8608　東京都文京区向丘1-13-1
　　　　電話 03-5684-6116（編集）
　　　　http://www.kairyudo.co.jp/

発　売　開隆館出版販売株式会社
　　　　〒113-8608　東京都文京区向丘1-13-1
　　　　電話 03-5684-6118（販売）

印　刷　壮光舎印刷株式会社

- 本書を無断で複製することは著作権法違反となります。
- 乱丁本・落丁本はお取り替えいたします。